Pitou
GW01607813
Pouf
Youpi

© 1986, Hachette pour le texte et les illustrations.
© 2014, Hachette Livre pour la présente édition.

Édité par Hachette Livre
43, quai de Grenelle – 75905 Paris cedex 15

hachette s'engage pour l'environnement en réduisant l'empreinte carbone de ses livres. Celle de cet exemplaire est de :
150 g éq. CO_2
Rendez-vous sur www.hachette-durable.fr

Pierre Probst

Caroline et ses amis en randonnée

Caroline et ses amis devaient partir en randonnée à bicyclette, mais Pitou s'est fait une entorse et ne peut plus bouger. À cause de lui, on devra rester à la maison… Dring ! Le téléphone sonne, et…

Caroline et ses amis

en randonnée

hachette
JEUNESSE

« Mes petits amis, j'ai une grande nouvelle ! annonce Caroline. Malgré notre blessé, nous irons chez tante Lucie. Elle m'a dit que nous aurions une surprise à notre arrivée !

– Et moi ? Je vais rester tout seul ici ? » s'inquiète Pitou.

Bien sûr que non ! Il fera le voyage sur le porte-bagages de Caroline. Voilà qui lui plaît beaucoup : il déteste par-dessus tout pédaler…

DAMES
TELEVISION Jeunesse. —
12h05 : Réponse à tout.
Une minute pour les enfants.
agent spécial. — 13 h :
13h35 Les chiens de Londres
Les jeux du mercredi — 18h :
: Dessin an mé.
recherche. — 19h20
les. — 19h45 : Les
: Journal. —
Les animaux
la musique

Avant de partir, on prépare et on répare les vélos.
« Pitou est méchant ! se plaint Youpi. Il m'a dit : "A-t-on idée de prendre un vélo aussi bête !" »

C'est Pitou, le gros bêta ! Ce bel engin est un vélocipède, plus précisément un grand-bi. Mais il restera ici, car il est trop âgé pour voyager.

SUPER
RUSTINES

« Quand on est invité, il faut se faire une beauté ! » a dit Caroline. Pouf et Noiraud n'ont pas envie de ronronner : de leur vie, ils n'ont jamais tant grimacé. Les deux minets n'ont guère besoin de tous ces shampoings, tous ces soins. Monsieur le coiffeur, épargnez-leur cette torture. Etre mouillé ne convient pas à leur nature !

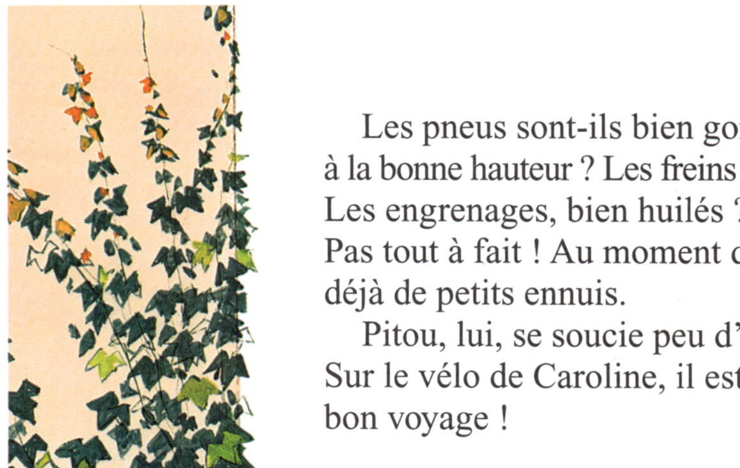

Les pneus sont-ils bien gonflés ? Les selles, à la bonne hauteur ? Les freins ont-ils été vérifiés ? Les engrenages, bien huilés ?
Pas tout à fait ! Au moment du départ, Pouf a déjà de petits ennuis.

Pitou, lui, se soucie peu d'un pneu crevé. Sur le vélo de Caroline, il est sûr de faire bon voyage !

K
P
B

En ville, il faut respecter les règlements pour éviter les accidents.
Ce brave Bobi aurait-il déjà des ennuis ?
« Qui donc a mal fixé ma pédale ? grogne-t-il, mécontent. Sûrement les chats ! Ils ne connaissent rien à la mécanique !
– Attendez-nous ! s'écrie Pitou. Caroline achète des fleurs pour tante Lucie ! »

fleurs
fleu

Et voici la campagne ! Et voici la première montée, les premières difficultés !

En tête, Caroline transpire à grosses gouttes. Bon dernier, Bobi a le cœur qui s'emballe à chaque coup de pédale.

« C'est encore loin, chez tante Lucie ? demande-t-il. J'ai le souffle coupé et les jarrets sciés…

– Et moi, la tête toute molle et les genoux qui flageolent… » ajoute Pouf en mettant patte à terre.

Seul, Pitou n'est pas fatigué par la montée.

Sur son porte-bagages, il se moque de tous comme un petit fou !

« Courage, dit Caroline. Le plus dur est derrière nous ! Un bon massage nous remettra debout.

– Oh, oh ! s'écrie soudain Noiraud. Venez voir, les amis ! Une belle descente nous attend. Mais il faudra être prudents, sinon… Gare à la chute ! »

45%
DANGER
TALC

N’est pas prudent qui veut, surtout quand un campagnol passe devant son pneu…

Quelle chute ! On n'est pas près de l'oublier… Guidons et pattes mélangés, Pouf et Noiraud tombent les premiers. Et puis, c'est la mêlée : Caroline, Youpi, Kid, Boum et Pipo font la culbute par-dessus les deux chats renversés !

Tout à coup, Pitou se relève :
« Les fleurs de tante Lucie ! La vache va les manger ! »
Extraordinaire ! Alors qu'il bondit, son pansement s'envole dans les airs, et lui… court comme une panthère en excellente santé !
« Tricheur ! crie toute la compagnie. Ton entorse, c'était une astuce pour ne rien faire et ne pas pédaler ! »

Devant, Bobi, qui n'a rien vu de l'accident, file plus vite que le vent.
« Je serai le premier ! » songe-t-il, tout content, sans se douter de qui arrive derrière lui…

« Pourquoi ces vivats, ces hourras ? s'étonne le petit chien. Ce n'est tout de même pas moi qu'on applaudit ainsi… » Mais si, c'est bien lui ! Car le premier, il a franchi la ligne d'arrivée d'une vraie course, ce qui mérite récompense ! Il monte donc sur le podium où un grand cycliste lui remet le bouquet de la victoire. Bravo, Bobi !

RRIVÉE
GRAND
CRITÉRIUM
CYCLISTE

Bobi, tante Lucie et son mari s'inquiétaient fort pour les retardataires. Ouf, les voilà ! Mais dans quel état !... Leurs vêtements sont déchirés, leurs vélos tout cassés. Heureusement, eux, ils sont entiers !

« Quel joli bouquet, mes enfants ! »
Caroline ouvre de grands yeux étonnés.
« Mais… nos fleurs ont été mangées par une vache ! »

Bobi, qui a donné à tante Lucie le beau bouquet de sa victoire, lui fait un clin d'œil discret qui veut dire : « Je t'expliquerai tout plus tard… »

Enfin, le lendemain, après une bonne nuit, c'est la fameuse surprise promise par tante Lucie : un vélo extraordinaire à neuf places, construit par oncle Jérôme !

Vite, on saute en selle, et sous le chaud soleil, on chante :

« Ainsi, au complet, nous pédalons
En cadence, avec discipline
Par les monts et par les vallons
Sous la conduite de Caroline ! »

À chacun sa place

Cette image est pleine de trous !
Replace les 10 petites vignettes au bon endroit.

Solutions : 1-J, 2-H, 3-D, 4-G, 5-I, 6-B, 7-C, 8-F, 9-E, 10-A.

Boum
Noiraud
Kid
Pipo